Steffi Baltes · Katja Hogh

Bei dir darf ich bleiben

Psalm 23 in Bildern und Betrachtungen

francke

Für meine Nichte Sophia,
die Psalm 23 als Konfirmationsspruch gewählt hat:
Möge der gute Hirte Dich begleiten, jeden Tag Deines Lebens

Steffi Baltes

Für meine Patenkinder Marie-Elen und Fabian

Katja Hogh

Die Bibelzitate sind der Übersetzung nach Martin Luther (Deutsche Bibelgesellschaft, 2000) und der Übersetzung »das buch« von Roland Werner (SCM Brockhaus, 2009) entnommen.

Bibliografische Information Der Deutschen Bibliothek
Die Deutsche Bibliothek verzeichnet diese Publikation in der Deutschen Nationalbibliografie; detaillierte bibliografische Daten sind im Internet über http://dnb.ddb.de abrufbar.

2. Auflage 2017
ISBN 978-3-86827-200-0

35037 Marburg an der Lahn
Zeichnungen und Umschlaggestaltung: Eden Arts/Katja Hogh
www.edenarts.de
Texte: Steffi Baltes
Satz: Verlag der Francke-Buchhandlung GmbH
Printed in Poland

www.francke-buch.de

Für:

Von:

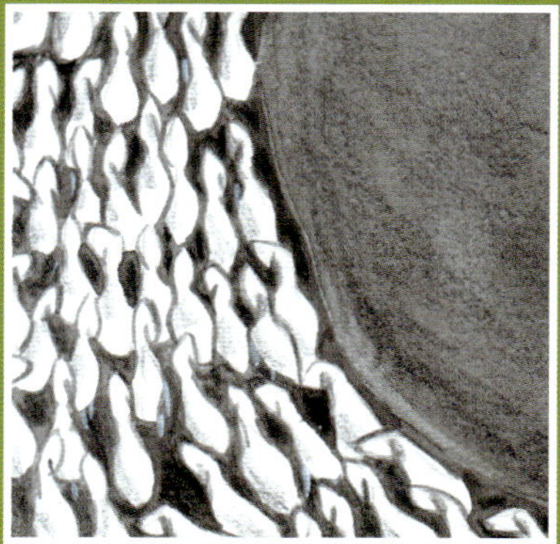

Die Faszination von Psalm 23

Der *Psalm des guten Hirten* ist seit Langem einer der beliebtesten Psalmen. Nicht umsonst. Er besticht durch seine Einfachheit, aber auch durch seine zeitlosen, ausdrucksstarken und tiefgründigen Bilder. Unzählige Generationen von Gläubigen haben bis heute diesen Psalm für sich in Anspruch genommen, auswendig gelernt und gebetet.

Obwohl die Bilder des Psalms aus einem ländlich geprägten Kulturkreis stammen, haben Menschen sie doch immer auf die Gemeinde, den Einzelnen und Gott übertragen.

Das ist auch der Künstlerin Katja Hogh im vorliegenden Band mit ihrer zarten, einfühlsamen Interpretation gelungen. Lassen Sie sich mit hineinnehmen auf eine Reise durch den bekanntesten Psalm der Bibel.

Steffi Baltes

Der Herr ist mein Hirte

Du nimmst meine Hand
und hältst sie fest.

Stärke strahlst du aus,
Weisheit und tiefes Erbarmen.

Wie oft habe ich gezögert,
mich dir anzuvertrauen.

Doch nun sehe ich:
vor mir liegt weites Land
und ich folge dir, wohin du gehst.

Mir wird nichts mangeln

Der Weg mit dir
birgt viele Überraschungen.

Du sorgst für mich,
beschenkst mich überreich
mit mehr, als ich mir je erträumte.

Ich kann nur staunen
und mein Glück nicht fassen.
Du füllst all meinen Mangel aus.

Er weidet mich auf einer grünen Aue

Warum habe ich so lange
mit weniger mich begnügt?

Hab hier und dort gesucht
und blieb doch hungrig nur zurück.

Du, mein großer Hirte, weißt,
was meinen tiefsten Hunger stillt.

Ich hebe meine Hände
und mein Herz empor zu dir
und werde satt in deiner Nähe.

Und führet mich zum frischen Wasser

Ein Strom voll Leben
fließt aus deiner Gegenwart.
Unaufhörlich, unaufhaltsam,
ungebändigt, unerschöpflich.

Du bist die Quelle,
die niemals versiegt.

Dein Geist
tränkt mich mit deiner Güte,
macht auch in mir
die Wüste grün.

Öffnet Quellen deiner Liebe,
die nun auch andere erfrischt.

Er erquickt

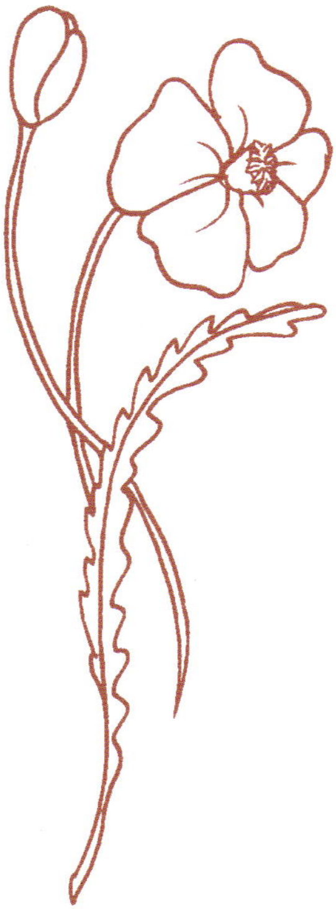

Ich haste und eile
atemlos, getrieben.
Warum? Wem jage ich nach?

Ich stolpere und falle
müde, erschöpft.
Was nun? Wo ist das Ziel?

Du hebst mich auf
und trägst mich.

In dir ruhe ich.
In dir darf ich sein.

Meine Seele

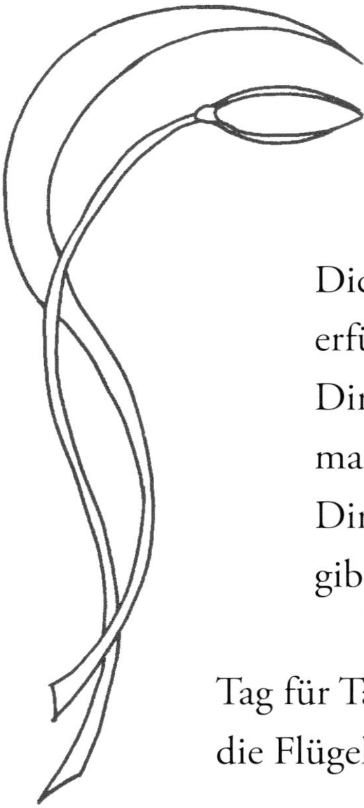

Deine unendliche Größe,
unermessliche Weite,
unergründliche Liebe
geben meiner Seele Raum.

Dich zu bestaunen
erfüllt mich mit Freude.
Dir zu gehören
macht mich stolz.
Dir zu folgen
gibt meinem Leben Sinn.

Tag für Tag sind deine Wunder
die Flügel meiner Seele.

Er führet mich auf rechter Straße um seines Namens willen

So viele Wege
bietet das Leben mir.

Ich laufe los
und setze Schritt vor Schritt.

Zu spät erst merke ich:
Ich bin im Kreis gelaufen.

Ratlos stehe ich da, tastend, suchend,
wie ein Blinder fühle ich mich.

Du kommst
und legst die Hand auf meine Schulter.

»Sei unbesorgt, ich leite dich mit meinen Augen.«

Und ob ich schon wanderte im finsteren Tal

Die Sonne verbirgt sich
hinter hohen Felsen.
Schatten kriechen durch die Schlucht.
Irgendwo heult ein Schakal.

Wo bist du, Gott?
Hast du mich vergessen?
Bist du mir davongelaufen?

Ich schreie nach dir,
doch nur mein Echo kommt zurück.
Ich suche einen Ausweg,
doch meine Hände finden keinen Halt.

Fürchte ich kein Unglück

Die Schatten verschlucken meinen Mut,
der Abgrund verschlingt mein Vertrauen.
Von allen Seiten werde ich bedrängt.

Da fasst mich unerwartet
eine Hand und reißt mich heraus
aus dem Rachen der Angst.

Schritt für Schritt
wird es weiter, wird es heller
um mich herum.

Ich atme auf
und strecke mein Gesicht
der Sonne entgegen.

Meine Sonne, das bist du.

Denn du bist bei mir

Bei dir bin ich glücklich,
bei dir bin ich frei,
in deiner Nähe hab ich Raum
zum Staunen.

Wie groß bist du
und wie mächtig,
wie nah bist du
und wie zärtlich.

Du sorgst für mich,
du gehst mir nach,
du kommst mir zuvor,
du bleibst bei mir.

Du hebst mich heraus
und schenkst mir deinen Blick.
Bei dir kommt mein Herz
und Verstand zur Ruhe.

Dein Stecken und Stab trösten mich

Du hältst nach mir Ausschau
und weißt, wie es um mich steht.
Wenn ich mich selbst nicht mehr kenne,
weist du mir den Weg.

Du springst in die Bresche
und kämpfst für mich,
du gibst dein Leben
und opferst dich.

Ich darf heraustreten
aus dem tiefen Tal
hinein in ein neues Leben.

Wie tröstlich ist deine Nähe,
wie heilsam und voller Wunder.

Du bereitest vor mir einen Tisch

Gern bin ich in deiner Welt zu Hause.

Doch dein Haus ist größer:
Kein Feuer kann es verzehren,
keine Flut überschwemmen,
kein Beben verschlingen,
kein Sturm zerbrechen.

Du schenkst mir ein Zuhause,
das niemals vergeht.
Du öffnest mir die Augen
für das, was du bereithältst.

Großzügig verschenkst du dich
und alles, was dein ist.
Dein Haus ist mein Haus.
Meine Heimat, das bist du.

Im Angesicht meiner Feinde

Bei dir darf ich wohnen,
geborgen in deinem Haus.
Deinen Namen trage ich,
und du nimmst mich in Schutz.

Mit dir an meiner Seite
brauche ich nichts zu fürchten.
Nicht das Dunkle in mir,
noch andere Mächte und Gewalten.

Deine kraftvolle und klare Gegenwart
weist in die Schranken,
was mich von dir trennen will.

Du salbest mein Haupt mit Öl

Kein Zaungast bin ich
und kein Stiefkind,
dein bin ich.

Du öffnest dein Haus und dein Herz,
heißt mich willkommen
und nimmst mich mit Ehren auf.

Deine Liebe schüttest du
über mir aus.
Würde schenkst du mir
und tiefen Wert.

Deinen Wohlgeruch will ich verbreiten.

Und schenkest mir voll ein

Freigiebig und großzügig
verschwenderisch ist deine Güte.
Du schenkst deinen Geist
und deine Gaben ohne Maß.

Mein Leben ist zu klein,
um dich zu fassen.
Überfließen möchte ich
vor Glück.

So viel Freude und Fülle
liegen in dir.
Lass mich weiterschenken,
was du mir gibst.

Gutes und Barmherzigkeit werden mir folgen

Mein Leben soll davon erzählen,
was mir durch dich begegnet ist:

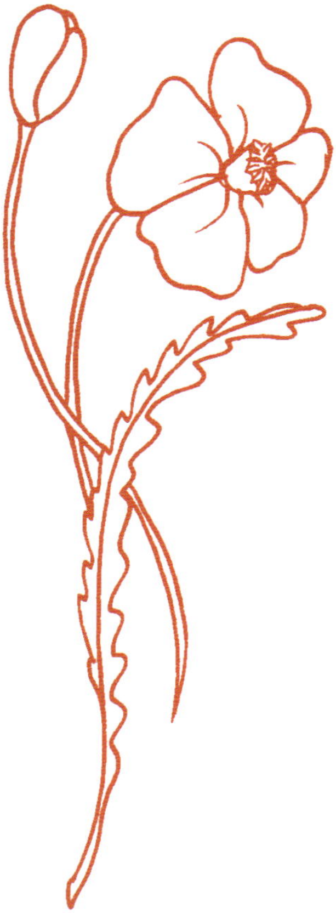

Erbarmen weiter als der Himmel,
Güte tiefer als das Meer,
Liebe stärker als die Felsen.

Ich will dir folgen,
wohin du gehst,
Schritt für Schritt,
über Stock und Stein,
durch Wüste und über grünes Land,
durch dunkle Täler und über sonnige Höhen.

Spuren der Liebe und Güte
will ich hinterlassen.
Wer ihnen folgt,
der soll das Haus des Vaters sehen.

Mein Leben lang

Niemand weiß
den Ort, die Zeit,
wenn du uns zu dir rufst.

Doch möchte ich heute schon leben
im Bewusstsein deiner Gegenwart.
Zeitlos, endlos, grenzenlos,
und doch nur ein Gebet entfernt.

Dich will ich lieben,
dich will ich ehren,
dein Lächeln möchte ich sehen,
und eines Tages
deine Lippen sagen hören:
»Du bist über wenigem treu gewesen,
ich will dich über viel setzen;
geh hinein zu deines Herrn Freude!«

Und ich werde bleiben

Dein will ich sein und bleiben,
in dir mich verlieren
und in dir ruhen.

Still werde ich,
wenn du sprichst,
und ehrfurchtsvoll
im Anblick
deiner Größe.

Da neigst du dich zu mir,
und dein Geist flüstert mir ins Ohr:
»Ich habe dich je und je geliebt,
darum habe ich dich zu mir gezogen
aus lauter Güte.«

Im Hause des Herrn

Die Welt ist nicht genug,
um deinen Thron zu fassen.

Vom Anbeginn der Zeit
jubelt die Schöpfung dir zu,
rufen die Sterne deinen Namen,
singt das All dir ein Lied.

Auch ich will mich einreihen
und dir mit meinem Leben
Freude machen.

Frei möchte ich sein,
all das zu werden,
was du in mir siehst.

Du öffnest mir ein Fenster
in deine Wirklichkeit,
und ich tanze zu der Melodie des Lebens,
das du mir gibst.

Immerdar

An deiner Hand
laufe ich fröhlich.
In deinem Arm
bin ich geborgen.
In deinen Augen
finde ich mich.
In deiner Nähe
hört alles Fragen auf.

Du lehrst mich,
die Musik zu hören,
die dein Haus erfüllt.
Du wirbelst mich umher,
schneller als der Wind.

Das Leben mit dir
gleicht einem Tanz
hinein zum ewigen Fest
und in den neuen Morgen.

Was sind Psalmen?

Das deutsche Wort »Psalmen« kommt vom griechischen Wort »psalmoi« (zupfen, ein Lied erklingen lassen), das wiederum eine Übersetzung des ursprünglichen hebräischen Begriffes »tehillim« (Preisungen, Loblieder) ist.

Psalmen sind Lieder, die die Israeliten zur Ehre Gottes verfasst und vorwiegend im Gottesdienst gesungen haben. Im Grunde genommen sind es vertonte Gebete.

Wir können davon ausgehen, dass unser heutiger Psalter nur eine kleine Auswahl der Fülle an Liedern ist, die das Volk Israel für seinen Gott dichtete, sang und betete.

Ein Psalm konnte unterschiedliche Verwendungen haben und eine Vielzahl von Lebenssituationen des Beters ausdrücken: eine individuelle Klage oder ein Klagelied, das mit der ganzen versammelten Gemeinde gesungen wurde; ein persönliches Loblied oder ein gemeinsamer Lobpreis; ein Pilgerlied, das von den Israeliten auf dem Weg zur Stiftshütte bzw. zum Tempel und zu den großen jüdischen Festen gesungen wurde; ein Erzähllied oder ein Lied mit Lehrcharakter, das etwas über die großen Taten und das Wesen Gottes in Erinnerung rief.

Der Autor von Psalm 23

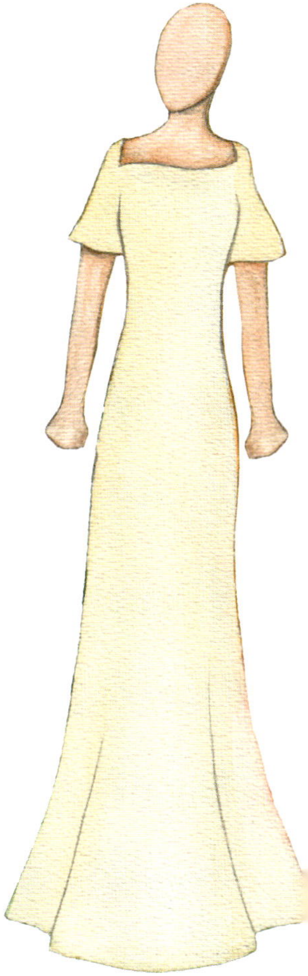

Die »Davidpsalmen«, zu denen Psalm 23 zählt, gehören zu den frühesten Sammlungen des Psalters, der in einem mehrere Jahrhunderte dauernden Prozess zusammengestellt wurde.

Sie werden Israels großem König David zugeschrieben, der in diesen Gebeten seine Erfahrungen auf seinem Lebensweg mit Gott zum Ausdruck bringt. Manche seiner Psalmen sind sicherlich in ganz konkreten Situationen der Not oder der Freude entstanden.

David war in seiner Jugend selbst ein Hirte gewesen. Er wusste genau, wie groß der Einsatz eines Hirten für seine Herde war und welche Mühen und Gefahren er auf sich nahm, um die Schafe zu beschützen. Von daher lag es ihm nahe, Gott mit einem Hirten und sich selbst mit einem Tier aus der Herde zu vergleichen. Nach einem Leben voller Höhen und Tiefen, Ermahnung, Ermutigung, Schutz und Bewahrung durch Gott spricht David seinem Herrn sein absolutes Vertrauen aus. Psalm 23 wirkt wie Davids persönliches Glaubensbekenntnis oder seine Liebeserklärung an Gott. Ein Gebet, das dann aber auch in der Gemeinde der Israeliten Verwendung fand.

Psalm 23 – bei Juden und Christen beliebt

Im heutigen Judentum wird Psalm 23 zur dritten Mahlzeit an einem Sabbat gebetet bzw. gesungen.

In jüdischer und auch in christlicher Tradition wird der »Hirtenpsalm« oft bei Begräbnissen oder Gedenkgottesdiensten gelesen.

Da er sich leicht auswendig lernen lässt, findet er auch im Konfirmandenunterricht Verwendung und ist als Konfirmationsspruch sehr beliebt.

Die Bilder von Psalm 23

Auch wenn das Bild des Hirten dominiert (V. 1-4), gibt es doch noch ein anderes Bild, mit dem David Gott beschreibt: das des orientalischen Gastgebers (V. 5-6).

Das Bild von *Gott als Hirten* (V. 1-4) wurde im Lauf der Zeit immer wieder aufgegriffen.

So beschreibt der Prophet Jesaja den starken Gott, der sein Volk Israel befreit, tröstet und schützt:

»Er wird seine Herde weiden wie ein Hirte. Er wird die Lämmer in seinen Arm sammeln und im Bausch seines Gewandes tragen und die Mutterschafe führen.«

(Jes. 40,11)

Der Prophet Hesekiel berichtet, wie aufgebracht Gott darüber ist, dass sein Volk schlechten »Hirten«, selbstsüchtigen Leitern zum Opfer gefallen ist, die nur an ihren eigenen Vorteil denken. Gott aber hat ein echtes »Hirtenherz« für die, die verloren, verirrt und verletzt sind:

»Ich will das Verlorene wieder suchen und das Verirrte zurückbringen und das Verwundete verbinden ... ich will sie weiden, wie es recht ist.«

(Hes. 34,16)

Jesus, Gottes Sohn, hat diese Aufgabe von seinem himmlischen Vater übernommen:

»Ich selbst bin der wirklich gute Hirte. Der gute Hirte opfert sein eigenes Leben für seine Schafe ... Meine Schafe achten genau auf meine Stimme und ich kenne sie ganz genau. Sie folgen mir überall hin und ich gebe ihnen das unvergängliche Leben. Sie werden bis in alle Ewigkeit hinein nicht verloren gehen. Ja, es wird niemandem gelingen, sie aus meiner Hand zu reißen. Mein Vater ist es, der sie mir anvertraut hat.«

(Joh. 10,14.27-29)

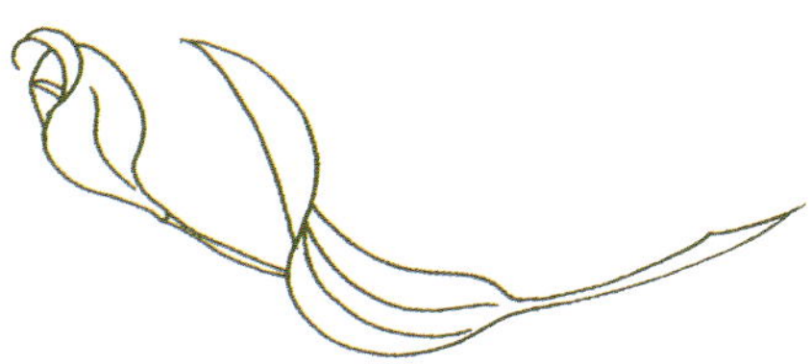

Die Nachfolger von Jesus haben das Bild des Hirten, mit dem Jesus sich selbst beschreibt, ganz selbstverständlich für ihren Messias verwendet. Es wurde für die junge Gemeinde aus Judenchristen und Heidenchristen ein wichtiges Symbol für ihren Heiland. Auf Fresken, die in Katakomben und frühen christlichen Hauskirchen gefunden wurden, ist der gute Hirte eine der beliebtesten Darstellungen Christi.

Als Jesus nach seiner Auferstehung seinen Freund Petrus am See Genezareth wiedertrifft, gibt er ihm eine neue Aufgabe:

»Übernimm die Verantwortung für meine kleinen Schafe ... sorge dafür, dass meine Schafe Nahrung finden ...!«

(Joh. 21,15+16)

Die Jünger und Jüngerinnen Jesu, auch wir heute, haben diese Berufung von Christus übernommen – nach dem Vorbild unseres guten Hirten dürfen auch wir für andere sorgen und ihnen zeigen, wo sie lebendiges Wasser finden.

Das Bild von *Gott als Gastgeber* (V. 5-6) findet sich ebenfalls mehrfach im Alten und Neuen Testament.

So ist es z. B. wieder David, der im 36. Psalm die Güte und Fürsorge Gottes mit den Worten lobt:

»Sie werden satt von den reichen Gütern deines Hauses, und du tränkst sie mit Wonne wie mit einem Strom.«

(Ps. 36,9)

Und im 145. Psalm heißt es von Gott:

»Aller Augen warten auf dich, und du gibst ihnen ihre Speise zur rechten Zeit. Du tust deine Hand auf und sättigst alles, was lebt, nach deinem Wohlgefallen.«

(Ps. 145,15f.)

Der Prophet Jesaja ermutigt diejenigen, die selbst anderen gegenüber Gastfreundschaft üben und sich ihrer Nöte annehmen, mit den Worten:

»Der Herr wird dich immerdar führen und dich sättigen in der Dürre und dein Gebein stärken.«

(Jes. 58,11)

Jesus Christus, der eins mit seinem himmlischen Vater ist, übernimmt ebenfalls die Rolle des Gastgebers. So sorgt er nach einer Predigt am See Genezareth dafür, dass die große Menge seiner Zuhörer nicht hungrig bleibt:

»Dann gab er der Menschenmenge die Anweisung, sich auf dem Gras hinzusetzen. Er nahm die fünf Brote und zwei Fische, schaute nach oben zum Himmel und sprach ein Dankgebet. Danach brach er die Brote in Stücke und gab sie seinen Schülern. Und die gaben die Brotstücke den Leuten. Da aßen alle, und alle wurden satt.«

(Mt. 14,19)

Auch hier nimmt Jesus seine Nachfolger mit hinein in die Berufung, die er von seinem himmlischen Vater bekommen hat: für Menschen zu sorgen, die hungrig sind – körperlich und im Herzen. Er gibt ihnen Nahrung für die Seele durch seine Worte und Nahrung für den Körper durch seine Taten. So sollen es auch seine Jünger tun.

Als Jesus nach der Auferstehung seine Jünger wiedertrifft, die früh am Morgen hungrig vom Fischen zurückkommen, bereitet er als Erstes ein Essen für sie zu:

»Als sie an Land stiegen, sahen sie ein Kohlenfeuer, das dort angezündet war, und Fisch und Brot darauf … Da sagte Jesus zu ihnen: ‚Kommt und frühstückt!'«

(Joh. 21,9.12)

Der Apostel Johannes darf in der Offenbarung einen Blick auf den erhöhten Christus werfen, der auch als himmlischer Gastgeber in der Ewigkeit alles für die, die zu ihm gehören, vorbereitet:

»Glücklich zu nennen sind die Menschen, die zum Hochzeitsmahl des Gotteslammes eingeladen sind!«

(Offb. 19,9)

Die Welt von Psalm 23

Hirten hatten zur Zeit der Patriarchen, König Davids und auch später eine wichtige und verantwortungsvolle Aufgabe. Die Herden waren oft die einzige Lebensgrundlage nomadischer Völker im Orient.

Noch heute gibt es einige (wenn auch nur wenige) Beduinen, die mit ihren Ziegen-, Schaf- und Kamelherden die Gegenden durchqueren, die schon die Patriarchen oder der junge David durchzogen haben: den Sinai, die Negev-Wüste oder die Judäische Wüste bis hinauf nach Galiläa.

Werfen wir einen Blick auf den Hirten und seine Herde in biblischer Zeit: Manche Tiere bleiben ganz nah bei ihrem Hirten. Er hat ihnen Namen gegeben, auf die sie hören. Andere jedoch wandern umher oder bleiben weit zurück, ohne auf den Hirten zu achten. Einige versuchen, sich verbotenerweise an bebauten Feldern gütlich zu tun, die nicht für sie bestimmt sind.

Manchmal muss der Hirte von seinem

»Stab« Gebrauch machen, ein langer Holzstab, der am Ende gebogen ist. So kann er eigensinnige Schafe wieder zurück zur Herde »ziehen« oder sie davor bewahren, gefährliche Wege zu gehen. Von Zeit zu Zeit klopft der Hirte mit seinem Stab auf den Boden oder gegen einen Felsen, um die Schafe an seine Gegenwart zu erinnern. Oft ruft er sie auch. Seine Stimme ist den Tieren vertraut. Werden sie aber von einem Fremden gerufen, horchen sie alarmiert auf und bleiben stehen oder fliehen vor ihm.

Der Hirte führt seine Herde zu den Stellen, wo sie während der oft lang andauernden Dürre doch noch etwas Futter finden können. Er geht den Schafen voraus, um den Weg auszutesten. Ist er gangbar und sicher? Drohen herabstürzende Felsbrocken in einem engen Tal die Tiere zu erschlagen? Ist der Abstieg zu steil, sodass die Tiere ausrutschen und sich verletzen könnten? Wird die Herde in dem Wadi, dem ausgetrockneten Flusstal, vor seinen Augen von Löwen, Leoparden oder Schakalen angegriffen werden?

Der Hirte fasst seinen »Stecken«, den Holzknüppel mit einem eisernen Dorn am Ende, fester. Er ist bereit, die Herde gegen die tierischen Räuber zu verteidigen, koste es, was es wolle.

Ein Beispiel aus neuerer Zeit zeigt, dass die Hirten durchaus bereit waren, ihre Herde mit ihrem Leben zu verteidigen. Gegen Mitte des 19. Jahrhunderts berichtet William McClure Thomson, ein presbyterianischer Missionar, wie zwischen Tiberias und dem Berg Tabor ein Hirte und seine Herde von räuberischen Beduinen bedroht wird. Die Beduinen wollen die Schafe für sich und ihre Familien stehlen. Als sich ihnen der Hirte mutig in den Weg stellt, um die Herde zu schützen, wird er von den Räubern kaltblütig ermordet. Er stirbt inmitten der Schafe, die er mit seinem Leben verteidigt hat.

Werfen wir einen Blick auf den *Gastgeber* in biblischer Zeit:

Dem Freund oder Fremden Gastfreundschaft zu gewähren, war im Orient eine heilige Pflicht. Und natürlich auch eine lebensrettende Einrichtung in einer Gegend, in der es viel Wüste und trockene Einöde gibt. Das Gebot der Gastfreundschaft gewährleistete nämlich auch, dass jeder Reisende, der einen Fremden um Hilfe anrief, zumindest mit Wasser und dem Nötigsten versorgt wurde.

Der Gastgeber hieß den Gast oftmals großzügig willkommen, indem er ihn mit wertvollem Öl salbte und das Beste auftischte, was er im Haus hatte. Der »Becher« wurde überfließend gefüllt, und dem Gast immer wieder nachgelegt, sobald sein Teller sich leerte. So verlangte es die Sitte. Der Gast wurde in den Schutzbereich der Familie bzw. der Sippe aufgenommen und gegen Feinde verteidigt. Auf seinem weiteren Weg wurde ihm nicht selten sicheres Geleit gegeben.

Noch heute kann man im Orient diese fabelhafte, warmherzige Gastfreundschaft und Tischgemeinschaft erleben. Um nicht immer weiter essen und trinken zu »müssen«, empfiehlt es sich, einfach immer ein wenig im Glas oder auf dem Teller übrig zu lassen.

Eine Reise durch Psalm 23

Unser Leben als Wanderschaft und Weg

Leben mit Gott, Leben mit Jesus Christus heißt, zusammen mit ihm auf dem Weg zu sein.
Gott leitet, und wir folgen. Das ist die Theorie. Doch in der Praxis sieht es oft anders aus.

Das hat auch König David festgestellt.
Nach einem langen Leben voller Höhen und Tiefen kann David dennoch voller Überzeugung sagen: *»Der Herr ist mein Hirte, mir wird nichts mangeln.«*

Doch nicht immer ist David Gottes Ruf gefolgt. Das musste er erst lernen. Manchmal hat er sich verirrt oder hat absichtlich einen anderen Weg eingeschlagen als den, den der große Hirte vorgab. Er glaubte, abseits der Pfade, die der Hirte führt, bessere »Weide« zu finden. Dabei hat er sich verletzt und auch anderen geschadet. Das Bild vom Hirten und seiner Herde, das David in seinem Psalm verwendet, macht deutlich, dass wir nicht allein vor Gott stehen. Alles, was wir tun oder nicht tun, hat Auswirkungen auf die gesamte »Herde«.

Doch der große himmlische Hirte hat David nie aufgegeben, sondern ihn immer wieder gesucht, ihn zurückgeholt und ermahnt. Im Lauf seiner Lebensreise hat David gelernt, dass er gut daran tut, seinem Hirten dicht auf den Fersen zu folgen. Er hat erfahren, dass Gott für ihn sorgt. Und dass er verlässlich und treu ist.

Auf unserer Lebensreise führt uns Gott immer wieder an Orte, an denen wir zur Ruhe kommen, auftanken und uns erfrischen können: *»Er weidet mich auf einer grünen Aue und führet mich zum frischen Wasser. Er erquickt meine Seele.«*

Unser großer Hirte treibt uns nicht beständig zu Höchstleistungen an. Seine Schafe sollen sich nicht verletzen und auch nicht übereilt und ausgebrannt ans Ziel kommen.

Er läuft nicht ohne uns davon. Denn er kennt jedes einzelne Mitglied seiner Herde. Er weiß um unser individuelles Tempo. Er kennt unsere Kapazitäten. Er merkt, wenn eines seiner Schafe verletzt oder lahm ist. Er weiß um unsere kleinen und großen Krankheiten, unsere Charakterschwächen und unsere Lasten. Er will uns Leben in Fülle schenken. Er freut sich, wenn es uns gut geht. Die »Auen«, die er uns sucht, sind besser, grüner und nahrhafter als alles, was wir uns selbst suchen könnten.

Das lebendige Wasser, mit dem uns unser guter Hirte Jesus Christus versorgt, wird nie versiegen. Sein Heiliger Geist, der in allen lebt, die Christus vertrauen, ist eine unerschöpfliche Quelle. Er stillt unseren Durst nach Leben, er lässt uns Gottes Güte schmecken, er macht uns Lust auf mehr.

Dem großen Hirten zu folgen bedeutet, sich nicht mehr mit abgestandenem, brackigen Wasser zufrieden zu geben, wie es in den heißen Monaten im Land Davids in manchen Tümpeln zu finden ist. Wir brauchen nicht mehr anderen, falschen Hirten zu folgen, die uns Erfüllung versprechen. Es gibt nur einen guten Hirten, der unsere tiefste Sehnsucht wirklich stillen kann.

David musste als junger Hirte selbst so manches

Tier aus seiner Herde, das vom Weg abgekommen war, zurückholen. Das war er seinem Vater schuldig, für den er die Herde hütete. David hat mit dem gebogenen Hirtenstab verirrte Tiere sanft aber bestimmt zurückgeleitet. Er hat ihnen durch seine Rufe Orientierung gegeben und sie gelockt, ihm zu folgen. Das ist für ihn zu einem Bild geworden, das genau auf seinen himmlischen Vater zutrifft: *»Er führet mich auf rechter Straße um seines Namens willen.«*

Manchmal scheint es uns vielleicht so, als ob Gottes Weisungen und Gebote uns in unserer Freiheit und Entfaltung einengen würden. Wir möchten uns ganz bewusst einmal von Gott entfernen, um auszuprobieren, ob das Gras auf der anderen Seite des Zaunes nicht doch grüner ist. Und es gefällt uns gar nicht, wenn wir merken, dass Gott uns zu sich zurückziehen will. Doch er hat Geduld. Er ruft und lockt uns so lange, bis wir seine Stimme hören. Manchmal allerdings müssen wir erst schmerzhafte Erfahrungen machen, bevor wir merken, dass ein Leben auf Gottes Spuren lohnenswerter ist als Alleingänge.

David hat harte und dunkle Zeiten in seinem Leben mitgemacht. Er musste um sein Leben fürchten; er war lange auf der Flucht; er hat Menschen verloren, die ihm nahe standen; er hat nicht alles bekommen, was er sich gewünscht hat; er konnte nicht alle Pläne, die er sich vorgenommen hatte, verwirklichen. Doch in all dem hat er die Erfahrung gemacht: *»Und ob ich schon wanderte im finstern Tal, fürchte ich kein Unglück; denn du bist bei mir, dein Stecken und Stab trösten mich.«*

Wer schon einmal durch das Wadi Kelt gelaufen ist, das nahe Jerusalem durch die Judäische Wüste bis zur Oase von Jericho führt, hat schon ein passendes Bild vor Augen. Ein schmaler Weg windet sich oberhalb einer tiefen Schlucht an steilen, gerölligen Abhängen entlang. Meistens ist es sehr heiß und trocken dort, in der Nähe des Toten Meeres, dem tiefsten Punkt der Erde. Die gleißende Sonne und der Wassermangel können den Schritt des Wanderers unsicher machen. In der Regenzeit hingegen kann es vorkommen, dass das Wasser in Strömen von den kahlen Hängen fließt und den Wanderer in die Schlucht hinunterzureißen droht. Wer es vorzieht, lieber ganz unten, im ausgetrockneten Flußbett zu laufen, befindet sich in Lebensgefahr. Das Regenwasser von den Bergen Jerusalems sammelt sich in Windeseile in den ausgetrockneten steinigen Tälern und kommt tosend und mit gewaltiger Kraft durch das Wadi Kelt gerauscht. Ein falscher Schritt kann das Leben kosten. Doch damit nicht genug. Auch heute noch können in dieser verlassenen Gegend Diebe entlang des Weges auf den einsamen Wanderer lauern.

Mitunter scheint unser Lebensweg durch solche gefährlichen, dunklen Täler zu führen. Es wird steil. Es wird eng. Die Puste geht uns aus. Wir fühlen uns müde und ausgedörrt. Unsere Schritte werden unsicher. Ein Unwetter geht über unserem Leben nieder. Es wird dunkel, und wir haben uns verirrt. Wir wissen nicht, ob wir es schaffen werden und das bedrohliche Tal durchqueren können, bevor die Nacht kommt. Diebe lauern uns auf und wollen uns das bisschen Zuversicht und Vertrauen auf Gott stehlen, das uns noch geblieben ist.

Und wir können nicht mehr glauben, dass es irgendwann wieder besser werden wird. Wir vertrauen dem großen Hirten nicht mehr, der uns doch zu guten Weidegründen führen wollte. Wir wissen nicht, was er weiß: Es gibt nur diesen einen Weg. Und am Ende des dunklen Tales liegt die Oase, liegen Licht und Wasser.

Überlassen wir uns Gottes Führung und vertrauen ihm, auch wenn unser Lebensweg immer wieder steinige und gefährliche Abschnitte hat. Folgen wir ihm dicht auf den Fersen, auch wenn wir gerade nicht wissen, wohin unser Weg führt. Wenn Widerstände und Hindernisse am Weg auf uns lauern, wird der gute Hirte sich vor uns stellen und für uns kämpfen. Wir sind für ihn so wertvoll, dass er sein Leben für uns gibt: *»Ich selbst bin der wirklich gute Hirte. Der gute Hirte opfert sein eigenes Leben für seine Schafe.«*

Ankommen und bei Gott zu Hause sein

Schon mitten auf dem Weg, aber auch am Ende aller Tage dürfen wir bei Gott »einkehren« und zu Hause sein.

Unsere ganze Lebensreise führt uns nicht nur zum Haus des Vaters, sondern findet gewissermaßen schon darin statt, weil alles zu Gottes Herrschaftsbereich gehört.

»Denn in ihm leben wir und in ihm bewegen wir uns und sind wir.«

(Apg. 17,28)

»Von ihm her und durch ihn und zu ihm hin bestehen alle Dinge!«

(Röm. 11,36)

Gott lädt uns zu sich ein. Wenn wir seine Einladung annehmen, werden wir Mitglieder in seinem »Haushalt«. Niemand kann uns das rauben. Wir gehören nun zu seiner Familie und befinden uns in seinem Schutzbereich. Er entreißt uns dem Einflussbereich unserer Feinde. Sie dürfen keine Macht mehr über uns haben, es sei denn, wir begeben uns freiwillig wieder in ihre Hände.

»Feinde«, das können Süchte sein, die uns gefangen halten. Oder Lasten der Vergangenheit, die uns quälen. Schuld, die uns niederdrückt. Charakterschwächen, die uns immer wieder einholen. Menschen, die uns Leid zugefügt haben oder immer noch zufügen wollen. Der Widersacher Gottes, der uns versklaven will.

König David wusste, wovon er sprach. Er hat oft mit diesen »Feinden« gekämpft. Mit äußeren Feinden, aber auch mit den Feinden in seinem Inneren. Und immer wieder ist er ihnen auch erlegen. Bis er gelernt hat, dass es das Beste ist, sich zu Gott zu flüchten und ganz von ihm abhängig zu machen. Gott ist stärker als die Feinde in uns und um uns. Wir dürfen uns an seinen Tisch flüchten und uns nähren von dem, was er uns schenkt – unserem Körper, unserem Herzen, unserer Seele. Wir dürfen einfach »sein« in der fürsorglichen und schützenden Gegenwart Gottes. Wir dürfen uns freuen am Leben mit ihm.

»Du bereitest vor mir einen Tisch im Angesicht meiner Feinde.«

Jetzt und hier bekommen wir schon einen Vorgeschmack auf das »Hauptgericht«, das uns eines Tages beim himmlischen Festmahl erwartet, wenn Gott unsere tiefsten Sehnsüchte stillt und uns alles in allem wird.

Der große Gastgeber, unser Vater im Himmel, will uns mit Gutem erfüllen, uns heilen, ausrüsten und senden. Er hat uns so viele Gaben gegeben, die wir zu seiner Ehre und zum Segen für die Welt einsetzen dürfen:

»Du salbest mein Haupt mit Öl und schenkest mir voll ein.«

Das Schöne ist, dass die Geschenke, die Gott uns macht, niemals aufgebraucht werden. Wenn wir von dem weitergeben, was er uns schenkt, werden wir überreich gesegnet. Gott in uns ist eine Quelle, die nie versiegt.

»Gutes und Barmherzigkeit werden mir folgen mein Leben lang, und ich werde bleiben im Haus des Herrn immerdar.«

Das Zusammensein mit unserem Gastgeber verändert uns. Je mehr wir Gottes Gegenwart suchen, desto tiefer werden wir von ihm beeinflusst. Je öfter wir uns von seiner Güte und seinem Erbarmen berühren lassen, desto eher werden auch wir bereit, anderen gütig und barmherzig zu begegnen.

Das Wort »Herr« (hebräisch: Adonai) steht am Anfang und am Ende von Davids Gebet. David wusste, spätestens in seinen reiferen Jahren:

Mein Leben ist geborgen in Gott, von Gott umgeben. Gott steht am Beginn und am Ziel meiner Lebensreise. Seine Güte folgt mir auf allen Wegen. Seine Tür steht immer offen. Ich bin noch auf dem Weg. Ich bin noch nicht da. Und doch darf ich schon im Haus des Vaters zu Gast sein. Und mich gleichzeitig darauf freuen, eines Tages seine Gastfreundschaft in vollen Zügen zu genießen.

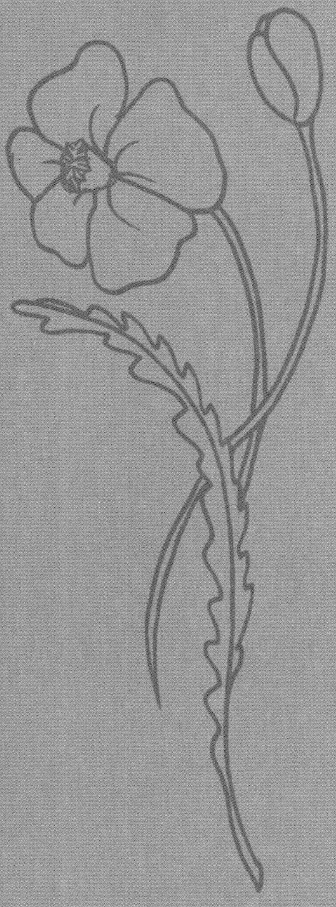

Die Autorin:

Steffi Baltes ist Pfarrerin. Sechs Jahre lang leitete sie ein Gästehaus in Jerusalem und begleitete mit ihrem Mann christliche Reisegruppen durchs Heilige Land. Heute lebt sie in Marburg und arbeitet im Verlag der Francke-Buchhandlung sowie im Christus-Treff.

Die Illustratorin:

Katja Hogh hat sich 2001 als freischaffende Künstlerin mit der Werkstatt Eden Arts selbständig gemacht. Sie ist verheiratet und lebt mit ihrem Mann in Nürnberg.
Mehr unter: www.edenarts.de